Sammelsurium

HELGA MLADEK

»SAMMELSURIUM«

Begebenheiten

Aufsätze von 1952

Geschichten und viel Poesie

Bibliografische Information der Deutschen Nationalbibliothek:
Die Deutsche Nationalbibliothek verzeichnet diese Publikation in
der Deutschen Nationalbibliografie; detaillierte bibliografische Daten
sind im Internet über dnb.dnb.de abrufbar.

© Helga Mladek 2022
Satz, Umschlaggestaltung, Herstellung und Verlag:
BoD – Books on Demand, Norderstedt
ISBN: 978-3-7562-7139-9

Inhalt

OSTERN 2022

Frohe Ostern?
Ostereier?
Eine schöne Feier?

Keines davon wird es wohl geben,
Menschen bangen um ihr Leben.
Die Welt, sie hält den Atem an.
Wieso Krieg? Wir brauchen Frieden!

Mir ist noch sehr bekannt,
wie damals Stadt und Land verbrannt.
Wie kann es sein, dass »ein Mann«
diesen Krieg anzetteln kann?

Schon damals rief man zu »einem« »Heil«.
Viele dachten sich ihren Teil.
Nicht laut – lieber leise,
sonst ging ins Gefangenenlager die Reise.
Wollen wir wirklich dieses alles noch mal?
Es muss doch Mittel geben, einen Kriegstreiber zu entheben.

Frieden für die Welt – einen, der wirklich hält.
Und dass man diesen »einen Mann« schnellstens demontieren
kann!

Ich – Jahrgang 1937

DDR privat

Wenn man sich heute erzählt, endlich konnten wir uns nach dem Mauerfall 1989 mit dem Osten wiedersehen, kann ich das nicht nachvollziehen, denn wir – unsere Familie – wohnhaft in Hamburg – haben auch vorab jahrelang bei meinem Opa in Mecklenburg Sommerurlaub gemacht.

Nach dem Krieg war die Grenze ja zunächst ganz dicht.

Es war die Zeit, wo wir wenig zu essen und zu heizen hatten.

Da gab es dann die Schleuser – wie heute bei den Flüchtlingen.

Beim ersten Mal wurde mein Vater gefasst, kam bei den Russen in den Knast für drei Tage und musste Körbe flechten.

Natürlich wurde er dann zu unserer Seite abgeliefert.

Beim nächsten Mal kam er durch.

Unser Opa hatte einen Bauernhof und so noch mehr zu essen.

Mein Vater packte 50 Päckchen mit Speck und Wurst und sandte sie an uns per Post. 42 sind immerhin angekommen.

Zu Weihnachten kam eine Gans.

Wir hatten zu der Zeit einen Einwohner, über 80 Jahre alt, den wir Opa nannten. Unser Nachbarhaus war abgebrannt und wir hatten ein Ehepaar aufgenommen. Die Frau verstarb, aber der Opa wohnte noch jahrelang bei uns.

Wenn sein Sohn ihn zu Weihnachten zu sich holen wollte, sagte er, ich komme erst am zweiten Weihnachtsfeiertag – vorher feiere ich mit meiner Familie – also uns.

Er war ein Original und sang jeden Sonntag »Es steht ein Soldat am Wolgastrand«.

Nachdem wir die Gans verspeist hatten, wurden wir alle krank. Wir konnten das Fett nicht mehr vertragen. Nur Opa merkte nichts – dem ging es gut.

Mutti hatte auch noch einen großen Plattenkuchen gebacken.

Opa kam zu uns Kranken ins Schlafzimmer und fragte, ob er von dem Kuchen essen dürfe.

Natürlich durfte er.

Aber als wir langsam wieder zu uns kamen und Kaffee trinken wollten, staunten wir doch.

Kein Stück Kuchen mehr – Opa hatten den gesamten Plattenkuchen aufgegessen.

Dann kam bei uns die Zeit, wo es wirtschaftlich bergauf ging und in der DDR vieles fehlte, d. h., wir schickten Pakete mit Kaffee, Südfrüchten, und als meine Cousine ihr Haus bauten, Deckenplatten. Als sie ihr Auto hatten, auch eine Starterbatterie, ich war ja in einer Batterie-Firma tätig.

Dann konnte man von der DDR aus Besuchspapiere für uns einreichen und so wurde – meistens im August – der große Familienkoffer gepackt. Vati wuchtete sich diesen auf die Schulter. Mit der Straßenbahn ging es dann nach Hamburg-Altona und weiter mit dem Zug.

An der Grenze mussten wir raus, durch ein Gebäude, wo alles geprüft wurde. Papiere, Koffer – dann ging es weiter mit dem Zug.

Die Reise dauerte mit mehrmaligem Umsteigen, Wartezeiten – den ganzen Tag. Gegen 19.00 Uhr kamen wir an und Opa wartete schon auf dem Bahnsteig.

Es waren schöne Urlaube.

Opa bewohnte im Haus ein Wohnzimmer. Oma war leider schon verstorben. Ein Cousin mit Frau und Kind wohnte mit in der Wohnung.

Für den Urlaub schliefen wir in Opas Zimmer. Opa suchte sich oben im Haus einen Schlafplatz.

Vati – der auf Landmaschinen Schlosser gelernt hatte – jetzt war er Maschinenbaumeister in einer großen Hamburger Maschinenfabrik – reparierte alles, was defekt war.

Gegen Abend – nach dem Melken – ging es zum nahe gelegenen See zum Baden oder auch Tretbootfahren.

Im Wald gab es ein Freilichtkino, wo schöne Filme gezeigt wurden. Allerdings liebten das auch die Mücken. Außerdem wurden auch noch in einem Hotel Filme vorgeführt.

Mit meinem Cousin Mütbe ging ich tanzen.

Zu essen gab es genug. Beim Schloss-Gärtner holte ich das Gemüse – welches wir »Sommerwurst« nannten.

1959 dann sagte mein Opa beim Abschied zu mir: »Helging – wir werden uns wohl nicht wiedersehen.« Es ging ihm gesundheitlich nicht gut.

So war es dann auch – er starb.

Natürlich wollten wir zur Beerdigung fahren, die Papiere waren eingereicht.

Da kam die Nachricht, dass auch unsere Oma – die Mutter meiner Mutter – verstorben war – in derselben Woche wie Opa.

So reiste Vati nach Mecklenburg und wir, Mutti und mein Bruder sowie ich, gingen in Hamburg zur Beerdigung.

Nun war erst einmal Urlaubspause.

Ich hatte inzwischen meinen Mann kennengelernt.

Mein Vater bekam einen Herzinfarkt, konnte nicht mehr arbeiten. 1961 heirateten wir und vier Wochen danach verstarb mein Vater mit 57 Jahren.

Es war eine traurige und schlimme Zeit.

Meine Patentante Erna, inzwischen über 80 und auch allein, die auch aus dem Ort in Mecklenburg stammte, sprach uns eines Tages an. Sie würde so gern ihre Schwester wiedersehen, die im Nachbarhaus meines Opas wohnte.

Wir hatten inzwischen ein Auto – einen VW-Käfer – und sie

fragte: »Könnt ihr mich nicht fahren, Zugfahren ist für mich schon zu beschwerlich.«

Die Schwester reichte die Papiere – auch für uns – mit ein und los ging es.

Sie hatte immer Feriengäste. Auf ihrem Hof standen etliche Holz-Bungalows. Einen bekamen wir davon für den Urlaub. Meine Tante wohnte mit in dem Haus bei der Schwester.

An der Grenze mussten wir das gesamte Gepäck – was wir so mühsam eingepasst hatten – auspacken zur Besichtigung. Selbst in die Geldbörsen wurde gesehen.

Wir nahmen das immer humorvoll und haben – wenn wir einige Kilometer von der Grenze weg waren – unsere Witze darüber gemacht.

Als unsere Mutter einmal mit war, wurde auch auf dem Rückweg geprüft, und Mutti fragte mit blauem Augenaufschlag: »Darf ich Ihnen auch meine Schmutzwäsche zeigen?«

Der Beamte verzichtete darauf.

Seine Musikkassetten im Auto musste mein Mann auf dem Hinweg an der Grenze abgeben und bekam sie auf der Rückreise wieder.

Bei der Tante waren zur Urlaubszeit alle Bungalows mit Feriengästen belegt – zumeist aus Berlin.

Eines Tages kam ein Uniformierter zu Besuch, der mit abgewandtem Gesicht bei uns vorbeiging, weil er wohl gehört hatte, dass wir aus dem Westen waren.

Dasselbe bei einer Familienfeier im Lokal, wo der Freund meiner Nichte uniformiert kam.

Als er von uns hörte, kam er nicht ins Lokal.

Ein anderer Cousin, wo wir später erfuhren, dass er bei der Stasi war, nahm das nicht so, wir haben zusammen gefeiert und gelacht.

Als wir das nächste Mal in Urlaub wollten – die Papiere waren schon da –, hatte mein Mann einen Unfall mit dem Auto. Ihm war zum Glück nichts passiert, aber das Auto war hin, wir bekamen ein anderes, welches natürlich eine andere Kennzeichen-Nummer hatte.

Was tun?

Mein Mann sagte: »Ich fahre zur Grenze und kläre das.«

Ich konnte mir nicht vorstellen, dass so etwas ging, aber er fuhr los in Richtung Lauenburg.

An der Grenze erklärte er unseren Grenzern den Fall und die machten tatsächlich den Schlagbaum hoch und mein Mann tuckerte Richtung Ost-Grenzern.

Die guckten zunächst verdutzt, so etwas hatten sie wohl noch nicht, aber dann stellten sie richtige Papiere aus und mein Mann tuckerte zurück.

Ich hörte, dass man nun auch anderswo in der DDR Urlaub machen konnte, und so buchten wir Urlaub in Warnemünde – Hotel Neptun.

Unser Geld wurde in Hotel-Geld umgetauscht – wir nannten es Spielgeld.

Wir hatten ein Zimmer im 13. Stock zu dritt – unsere Mutter – d. h. meine – war mit.

Auch das war ein wunderschöner Urlaub.

Zu dem Hotel gehörte auch ein Haus in der Schillerstraße. Jeder Raum war ein Restaurant von einem anderen Land. Es wurden von den Kellnern die jeweilige Landestracht getragen und es gab das passende Nationalgericht.

Unser Spielgeld war so reichlich, dass wir auch Verwandte dazu eingeladen haben.

Dann hatte ich die Idee – mal einen Mix-Urlaub zu machen – eine Woche Warnemünde und zwei Wochen bei Verwandten. Papiere hatten wir für beide Orte eingereicht.

Aber – Warnemünde und der Verwandtenort waren verschiedene Bezirke.

Im Hotel meinte man, wir sollten das bei der Polizei klären. Wir also hin.

Große Debatte, Telefonate mit Berlin, keine Klärung.

Genervt meinte man: »Fahren Sie einfach los.«

»Aber«, sagte ich, »wenn wir nun unterwegs angehalten werden?«

Ja, dann müssen wir uns was einfallen lassen.

Wir fuhren los.

In unserem Urlaubsort bei den Verwandten war das Amt nur an ein paar Tagen in der Woche stundenweise auf. Heute war nun Ruhetag und wir mussten nach Malchin.

Auch hier Debatte.

»Normalerweise müssten Sie zur Grenze und neu einreisen«, meinte man, aber das war ihnen dann wohl auch zu dämlich.

Nach vielem Gerede ließ man uns fahren, nachdem man Papiere ausgestellt hatte.

Sie waren so konfus, dass man vergessen hatte, uns die fälligen Straßengebühren zu berechnen.

Mein Mann meinte: »Du bringst die ganze DDR durcheinander.«

Inzwischen hatten Cousine und Cousin, die bei Opa wohnten, sich ein Haus gebaut, wo wir wieder unsere Urlaube verbrachten.

So kann ich nicht mitreden, wenn über die DDR viel Schlechtes geredet wird.

Die gegenseitige Stimmung war oft nicht so freundlich.

Wenn ich in Hamburg im Betrieb erwähnte, wir führen wieder nach Mecklenburg in Urlaub, meinte man, wie kann man da hinfahren.

In der DDR redete man vom »goldenen Westen«, der auch nicht immer golden war.

Als ich in Mecklenburg mit meiner Cousine einkaufen ging und wir Kolleginnen von ihr trafen, sahen sie mich wohl nicht als Westler an und erzählten von einem Urlaub – wo wieder diese »Scheiß-Westler« waren.

In der DDR war auch etliches gut, zum Beispiel die Kinderbetreuung.

Der Hausbau wurde gefördert. Meine Cousins und Cousinen in Mecklenburg haben alle ein Haus – geerbt oder gebaut – also Eigentum.

Meine Verwandten im Westen – zumeist Hamburg – haben Mietwohnungen. Ausnahme: mein Mann und ich.

Mein Mann hatte von Haus auch Eigentum gehabt und mich mit angeregt, darauf zu sparen.

Urlaub wurde über den Betrieb vermittelt und dann gab es noch den »Arbeiter des Jahres«.

Ein Cousin bekam eine Reise nach Moskau.

Was fehlte, war die Freiheit, überall hinzufahren.

Freiheit allein geht auch nicht, es muss auch das nötige Geld vorhanden sein.

Die Qualität von Dingen war auch nicht schlecht. Ich habe zur Urlaubszeit im August Geburtstag und natürlich wollte man mir etwas schenken. Zum Beispiel Unterwäsche – gute Qualität.

Für die Grenze musste man diese Sachen auf einer Liste aufführen. Ich hatte so viel bekommen, dass die Liste nicht ausreichte und ich den Rest auf der Liste meines Mannes vermerkte.

An der Grenze fragte der Beamte meinen Mann, ob er Unterkleider trage. Der war verdutzt, denn er wusste nicht, dass ich die Eintragung gemacht hatte.

Auch da dauerte es eine Weile, bevor man uns weiterreisen ließ.

Dann kam es, dass man von der DDR in den Westen reisen durfte, allerdings durfte nur meine Cousine ohne Mann.

Das war auch noch eine Geschichte.

Meine Cousine hatte ihre Tochter gebeten, sie telegrafisch bei uns anzumelden.

Es kam das Telegramm mit Termin Freitag.

Wir wollten sie natürlich vom Bahnhof abholen.

Am Mittwoch klingelte es und völlig verschwitzt mit viel Gepäck stand meine Cousine vor der Tür. Die Tochter hatte den falschen Tag telegrafiert.

DDR hin – Westen her.

Für uns war immer das Zusammensein mit unseren Verwandten wichtig.

2003 sind mein Mann und ich dann ganz nach Mecklenburg gezogen.

Warum?

Wegen der Verwandten.

Inzwischen sind auch neue Freunde dazugekommen.

Mein Aufsatz vom 24.2.1952

»Von Wirtschaftskriegen und Krisenfestigkeit«

Die letzte große Wirtschaftskrise hatten wir in den Jahren 1930–1934.

Die Erwerbslosenzahl war zum Beispiel in Deutschland auf über 7 Millionen und in Amerika auf etwa 12 bis 15 Millionen gestiegen.

Hier in Deutschland bewirkte diese Krise, dass Adolf Hitler an die Macht kam. Er löste die Krise, indem er ein riesiges Heer aufstellte und über 90 Millionen RM in die Rüstung steckte. Das Geld brachte er durch erhöhte Steuern und durch das Ingangsetzen einer neuen Inflation zusammen.

Das Ende vom Wirtschaftsaufschwung war der verlorene zweite große Weltkrieg.

Um solche oder ähnliche Krisen zu verhüten, müsste unser wirtschaftliches Leben einer staatlichen Lenkung untergeordnet werden.

Der Wiederaufbau unserer Städte müsste im Großen stattfinden. Weiter müsste der Bau von Stadtrandsiedlungen vorangetrieben werden. Desgleichen der Ausbau unseres Verkehrsnetzes und des Elektrizitätswesens.

Hinzu kommen dann noch eine allmähliche Steigerung der Einkommen der breiten Bevölkerung und eine eventuelle Verkürzung der Arbeitszeiten.

Wirklicher Erfolg wäre aber nur dann erreicht, wenn sich alle Länder in derselben oder ähnlichen Form beteiligen würden.

Der Handel der Völker untereinander müsste sorgfältig gepflegt werden.

Mein Aufsatz vom 3.1.1952

Titel: Über die Menschenrechte

Alle Menschen sind gleich, jeder hat das gleiche Recht, ob er nur ein kleiner Handwerker oder ein Fabrikbesitzer ist, ist egal.

Vor gar nicht so langer Zeit war es noch nicht egal, zum Beispiel in Amerika. Da waren die Schwarzen Sklaven, die Arbeitgeber konnten mit ihnen anfangen, was sie wollten. Sie wurden verhandelt oder verkauft wie ein Stück Vieh.

Vor einiger Zeit wurde der Sklavenhandel aufgehoben und das ist auch richtig, denn können sie etwas dafür, dass sie schwarz sind und nicht weiß?

Die Farmer waren damit ganz und gar nicht einverstanden, sie verloren ja ihre billigen Arbeitskräfte. Die Schwarzen konnten, als sie noch Sklaven waren, froh sein, wenn sie etwas zu essen kriegten, und nun mussten sie sie bezahlen.

In England gibt es einen Park mit Namen »Hydepark«, da kann jeder seine Meinung sagen, und wenn welche anderer Meinung sind, dürfen sie den Redner nicht verprügeln.

Wie wäre es schön, wenn ganz Europa sich einig wäre, wenn das in so viele Teile zerrissene Deutschland wieder ein ganzes Deutschland wäre.

Wenn auch Europa sich einig wäre, wären alle Schwierigkeiten überwunden. Und obgleich alle das gleiche Recht haben, ist noch viel Ungerechtigkeit in der Welt.

Der erste Regen

Es ist schon viele Millionen Jahre her, als Petrus eines Tages vor der Himmelstür saß und seinem Hobby frönte, dem Malen.

Der Himmel war wie immer wie blaues Glas und die Sonne schien heute besonders warm.

Mit Grauen dachte Petrus schon wieder an die viele Arbeit, die Pflanzen und Bäume auf der Erde zu gießen. An dieser Fron mussten sich sämtliche Engel beteiligen, um die ganze Erde versorgen zu können.

Die Menschen unten schauten voller Verdruss auf die immer gleiche blaue Farbe des Himmels und meinten, nein, wie langweilig, immer nur blau, immer nur blau.

Gedankenlos ließ Petrus den Pinsel in die weiße Farbe fallen, holte ihn aber schnell wieder aus dem Farbtopf und strich die Farbe leicht am Himmel ab.

Siehe da, ein lustiges weißes Wölkchen war entstanden, was eilig den Himmel entlangwanderte.

Petrus stutzte, sah das Wölkchen an und lachte. Die Menschen unten blickten dem Wölkchen begeistert nach.

Schwupp, da legte Petrus los. Hinein in die Farbe und Wolke auf Wolke malte er an den Himmel.

Die Engel juchzten, setzten sich jeder auf eine Wolke und ließen sich den Himmel entlanggleiten. Das war ein Vergnügen.

Da aber einige Engel schon die Gießkannen mit Wasser für die tägliche Prozedur des Pflanzengießens bei sich hatten und die Wolken oft aneinanderstießen, wurden einige Kannen Wasser verschüttet. Diese Wolken sogen sich voll mit dem Wasser und wurden plötzlich ganz dunkel, so dass nun helle und dunkle Wolken am Himmel waren.

Wieder stießen die Wolken zusammen, dieses Mal mit einer dunklen Wasserwolke. Da gab es plötzlich einen Blitz und es donnerte laut. Die Wolke aber entleerte das Wasser auf die Erde.

So regnete es zum ersten Mal allein, ohne dass Petrus und die Engel die Arbeit tun mussten.

Sofort eilte Petrus zum lieben Gott und meldete das Ereignis.

Der liebe Gott freute sich sehr darüber und reihte den Verbesserungsvorschlag in den großen Ablauf der Natur ein.

Als Belohnung durften Petrus und die Engel fortan auf den Wolken sitzen, Harfe spielen und fröhlich Halleluja singen.

Der Stein des Weisen

Peter war ein kleiner Junge und wusste daher noch nicht viel. Er war aber sehr wissbegierig und sein größter Wunsch war es, einmal sehr, sehr klug zu sein.

Da las er in seinem Buch vom Stein des Weisen. Wer den findet, der weiß dann so viel wie alles. Nur es stand nicht genau beschrieben, wo man ihn finden kann, nur man müsste immer dahinterher sein und genau suchen.

Erkennen würde man ihn auf jeden Fall, so wunderbar und einzigartig sähe er aus.

So nahm sich Peter vor, auf alles und jedes aufzupassen, um den Stein zu finden.

In der Schule passte er besonders auf und lernte die vielen Länder auf der Erdkugel kennen, ihre Geschichte, und das Schönste war es, wenn er in den Schulferien mit seinen Eltern verreisen konnte.

Sie fuhren an die Nordsee, wo er schöne Muscheln und auch Steine am Strand fand, und sie fuhren in die Berge, auch da gab es viele, viele Steine. Doch der Stein des Weisen, das sah er, war nicht dabei.

So verging die Zeit, Peter wurde groß, studierte, wurde Doktor und Professor, heiratete und hatte auch wieder Kinder, denen er vom Stein des Weisen erzählte.

Peter war berühmt und auch seine Kinder waren wieder sehr fleißig und lernten, denn auch sie hätten zu gern den Stein des Weisen gehabt.

Vergangenheit – Zukunft – Gegenwart

85 Jahre lang, jedoch blickst Du zurück,
kommt es dir vor wie ein kleines Stück.

Ticktack – ticktack – wie eilt die Zeit,
nun bist Du 85 – es ist so weit.
Die Erlebnisse sind wiederum groß –
viele Erinnerungen – immer was los.
Doch nun zur Zukunft – da fragst Du Dich bang,
wie ist sie – vor allem noch wie lang?
Nimm lieber die Gegenwart.
Dort verharrst Du, fragst nicht, was wird –
was warst Du.
Genieße die Tage – pflege Dich gut –
Beginn jeden Morgen mit Frohsinn und Mut.
Dann ist auch niemand verwundert,
feierst Du eines Tages die »Hundert« –.

VARTA *(Berufsleben)*

(1955–1996)

Montagmorgen,
lieber Gott,
Stress und Hetze …
VARTA-Trott.

Schnell geschlürft
den heißen Tee,
Blick zur Uhr
und ach herrje.

Flugs zur Bahn
im Laufschritt flott,
in Erwartung
VARTA-Trott.

Im Büro das Telefon
klingelt, klingelt,
hör ich schon.

Firma Meyer ganz verstört,
Stapler fährt nicht – unerhört.
Batterien sind wohl Schrott –
VARTA-Trott.

Dann Diktat und Kaffeekochen,
Fotokopien, Vorgang lochen,
Telefonate und Kartei –
VARTA-Einerlei.

Wieder ist ein Tag vollbracht,
rein ins Bett
und gute Nacht.

Bitte lass mir lieber Gott
lange noch
den VARTA-Trott.

Mein Garten

Ich liebe den Garten und kann kaum erwarten
Bäume so grün und schön und viele Blumen zu sehn.
Die Vögel zwitschern mir zu – dazu die innere Ruh.
Lau ist die Luft und dann dieser Duft.
Schmetterlingsgrüßen –
Ich kann es nur genießen.

MONATS-POESIE

JANUAR

Gesundheit – Prost zum neuen Jahr
und allen ist doch sicher klar,
dass der alte Schlendrian
nicht so weitergehen kann.

Ein Schneemann zeigt uns die Möhre
und daher – ich schwöre –
doch, auch lieber nicht –,
bevor was Falsches man verspricht.

Ja, bald will ich fasten,
aufräumen jeden Kasten,
immer lieb und freundlich sein.
Ach, mir fällt nicht vieles ein.

Doch wie sieht es aus im Februar?
Ist das Ganze dann noch wahr?
Ach, ich lass mir doch noch Zeit –
im Jahr 2023 ist es dann sicher so weit.

JANUAR

Die Sonne scheint –
der Himmel blau,
wenn ich aus dem Fenster schau.
Ein Schneemann –
rote Nase – Zylinderhut –,
dieser steht ihm ja so gut,
doch durch der Sonne Strahlen
ihm Tränen aus den Augen fallen.
Was für uns gut, ist für ihn schlecht.
Wem machen wir es recht?

Uns tut der Schneemann leid,
drum gönnen wir ihm seine Zeit.
Wir wissen ja und das ist klar,
es bleibt nicht bei dem Januar!

FEBRUAR

KARNEVAL

Die Darguner Narren sind los.
Heißa – wir feiern groß.
Bunte Kostüme, närrische Lieder
erfreuen die Menschen jedes Jahr wieder.

Das Prinzenpaar – die geschmückten Wagen –,
wunderschön kann man da sagen.
Kinder mit Tüten und Taschen
warten an Straßen auf etwas zum Naschen,
welches fliegt von vielen Wagen,
manche haben schwer zu tragen.

Ab in die Bütt – dort wird erzählt,
ob man die richtige Politik gewählt.
Immer nett – bekommt jeder sein Fett.

Alaaf – helau
die Karnevalsschau.

FEBRUAR

Väterchen Frost – glitzerndes Eis –,
Flocken machen Dächer und Straßen weiß.
Wie kalt und doch so schön
ist dies alles anzusehn.

Doch auf Dauer muss man sagen,
ist das Ganze doch schwer zu ertragen.
Da sehnt man sich immer
nach einem warmen Zimmer.
Man träumt von Glühwein –
fernen warmen Ländern.
Im März wird da sich schon vieles ändern.

MÄRZ

Bisher haben wir vom Winter gesprochen –
doch nun ist der Frühling angebrochen.
Die Sonne lacht, die Blumen blühn,
Vogelschwärme am Himmel ziehn.

Freude macht sich breit –
Frühlings- und bald Osterzeit!

MÄRZ

Schneeglöckchen, Krokusse sind schon zu sehen,
Verliebte durch die Straßen gehen.

Glocken läuten und künden die Zeit –
bald ist es wieder so weit.

Frühling – die Vögel singen.
In der Luft ist ein Klingen.

»Wunderbar« ist der März –
wie jedes Jahr.

APRIL

OSTERN

Die Hühner im Stall sind ganz verzagt,
der Osterhase hat sich angesagt.
»Wo sind die Eier?«, wird er fragen.
Was soll man ihm da sagen.

Es war stets ein Segen,
ihm viele Eier zu legen.
Ein einziges Ei man heut nur besitzt.
Es geht grad entzwei – ein Küken rausspitzt.

Piep – piep – piep –
habt euch trotzdem lieb.
Blumen blühn, dazu eine Feier –
so geht es auch mal ohne Eier.

APRIL

Überraschungsmonat –
macht, was er will –
darum nennt man ihn April.
Mal zeigt er Sonne,
dann wieder kalt,
selbst Sturm und Hagel
machen nicht halt.
Doch das alles geht wieder vorbei –
denn nach April folgt der Mai.

MAI

1. MAI – TAG DER ARBEIT

Vorwärts immer – rückwärts nimmer?

Nachdem im vorletzten Jahr
wieder großes Politiktheater war,
haben wir wieder eine Regierung,
hoffentlich mit etwas mehr Schwung.

»Für das Volk wird es etwas geben –
alle sollen besser leben.«

Wie schön, wenn es wirklich was bringt
und das Schiff nicht wie die TITANIC sinkt.

Wir werden alle die Daumen drücken,
dass nur Positives wird glücken.

MAI

Worte der Liebe – höchstes Glück –
Heiratsgefühle – der Mai ist zurück.
Es duften die Blumen –
die Bäume sind grün.
Am Himmel Vogelschwärme ziehn.
Voller Freude sind Mensch und Tier.
Frühling – wie schön –
du bist wieder hier.

JUNI

Milde Juni-Nächte –
Blick auf Wald und See,
das ist, was ich möchte,
und Du in meiner Näh'.
Was kann es noch geben –
der Mond lächelt uns zu –
Mit Dir ein langes Leben
und ewigen Frieden dazu.

JULI

LOCH NESS DARGUN

Der See in unserer Stadt zeigt uns, was er so hat.
Wenn am Tag die Sonnenstrahlen
golden in das Wasser fallen,
abends der silberne Mondenschein –
was kann romantischer sein?

Doch nun ist etwas geschehen.
Drei Angler haben es gesehen.
Im Dunkeln, fast schon in der Nacht,
ist Nessie, das Untier, im See erwacht.
Mit riesigen Augen glotzt es heraus,
die Angler erschrecken – welch ein Graus.

Doch muss man bei dieser Sache gestehen,
haben die Angler das wirklich gesehen?
Dem Korn wurde ordentlich zugesprochen,
ein Angler kam nur noch angekrochen.
Also, wie ich das so seh –
hatten die Angler wohl einen im »T«.

Aber wer weiß es,
vielleicht gibt es doch
bei uns im See das »Ness-Loch«.

JULI

Heiß sind die Tage –
schwül ist die Nacht –
Kornähren wiegen sich
müde und sacht.
Ostsee und Strand scheinen zu winken,
dazu einen Humpen voll trinken.
Arbeit bringt uns gehörig in Schweiß –
da rettet uns nur ein kühlendes Eis.

AUGUST

Der Urlaub ruft – die Sonne scheint,
die Familie ist in Ferien vereint.

Wo soll es hingehen in diesem Jahr?

Afrika wäre doch mal wunderbar.
Safari mit Kamel durch die Wüste,
oder doch lieber an die Küste?
Die Wellen rufen, die Luft angenehm kühl,
in Afrika ist es wohl doch zu schwül.

So gehen die Wünsche hin und her –
wie in der Politik – ist Einigung schwer.

Drum spricht ein Machtwort der Vater,
nun geht es nach Wien –
wir besuchen den Prater.

AUGUST

Es ist so weit – Erntezeit!
Goldenes Korn – Obst so prall –
frohe Gesichter überall.
Bei einem großen Ernte-Fest
danken wir Gott –,
dass er so viel wachsen lässt.

SEPTEMBER

Morgens Dunst und Nebelschwaden,
an den Bäumen Spinnenfaden –
der Herbst zeigt sein Gesicht
im silbernen Sonnenlicht.
Buntes Laub die Erde bedeckt –
das Eichhörnchen Nüsse zum Winter versteckt.
Innere Ruhe macht sich breit –
genauso schön ist nur die Frühlingszeit!

OKTOBER

Die Sonne scheint, die Natur ist noch grün,
am Himmel Vogelschwärme ziehn.

Die Mönche in ihren Zellen schwitzen,
oder auf harten Kirchenbänken sitzen.
Da machen sich frohe Gedanken breit,
denn das Nonnenkloster ist nicht weit.

Die Nonnen haben dasselbe Gefühl,
wenn sie beten auf hartem Gestühl.

Man hat sich schon mal gewundert,
dass schon vor etlichen Jahrhundert,
vom Keller des Klosters in den Tiefen,
Gänge zur Abtei der Nonnen liefen.

Freudig gestimmt, mit Gottes Segen –
sicher hatte er nichts dagegen.
Die Gänge mit Blumen bestückt –
Mönche und Nonnen sind beglückt.

Für die Zukunft, das ist klar,
dass es nicht das letzte Treffen war.

NOVEMBER

An Dich

Setz Dich zu mir, mein Lieb
wenn der Morgen graut,
von der Nacht noch kühl,
und die Wiesen betaut.

Sag ich zu Dir, mein Lieb
's Graue wird vergehn,
sieh mich an, mein Lieb
dieser Morgen wird schön.

Setz Dich zu mir, mein Lieb
wenn der Mittag so heiß,
die Sonne Dich sticht
und es rinnt Dir der Schweiß.

Sag ich zu Dir, mein Lieb
sieh der Himmel ist blau,
ruh bei mir, mein Lieb
scheint das Lüftlein Dir lau.

Setz Dich zu mir, mein Lieb
braust der Herbst heran,
die Blätter verwehn,
und es regnet dann.

Sag ich zu Dir, mein Lieb
sieh die Welt, sie ist bunt,
färbt die Blätter rot,
tut die Ernte uns kund.

Setz Dich zu mir, mein Lieb,
wenn der Winter so kalt,
es wird alles vergehn
und Du meinst, man wird alt.

Sag ich zu Dir, mein Lieb
auch der Winter ist warm,
wenn leis rieselt der Schnee
und ich halt Dich im Arm.

NOVEMBER

Kuschelmonat – Dunkelheit,
eigentlich eine trübe Zeit.
Man kann es sich mit leckren Sachen
einfach nur gemütlich machen.

Nützt das nichts –
Auto raus und mit Gebraus
aus der Trübnis – weg vom Haus.

Europa lockt mit warmen Ländern,
da kann die Laune schnell sich ändern.

NOVEMBER

Monat der Stille – und wir schenken
allen Lieben ein Gedenken,
die uns schon verlassen –
oft für uns nicht zu fassen.
Es bleibt nur das Grab zu schmücken
und dann vorwärts zu blicken.
Erinnerung wird Trost uns geben,
um mit Sinn weiterzuleben.

DEZEMBER

Vorbei ist nun schon fast das Jahr –
manches war schlecht, manches wunderbar.

Kriege wüten in vielen Ländern,
warum ist das nicht zu ändern?
Die Völker möchten in Frieden leben –
warum kann es das nicht geben?
Statt Waffen gibt es Obst und Brot –
keiner stirbt mehr den Hungertod.
Der Klima-Wandel hat schon vieles zerstört –
Mancher hat davon noch nie etwas gehört.
Ein naturverbundenes Leben
würde manches noch beheben.

Andererseits gibt es Menschen im Leben –
Freunde – die so viel geben.
Die einem beistehn in schlimmen Lagen –
ihnen kann man alles sagen.
Das versöhnt uns mit dieser Welt –
Freunde, mit denen man zusammenhält.

Drum feiern wir das Jahresende
und hoffen auf die Neujahrswende.
Denn es kann auf Erden
alles nur noch besser werden.
Prost!